취한 말들을 위한 시간

취한 말들을 위한 시간

김영선 시집

도서출판 예사랑

| 自序 |

유난히도 길었던 어느 겨울,

회색빛 하늘에서 솜사탕 가루 같은 흰 눈이 하루 종일 내려온 날, 내 가슴에 또 하나의 별이 떠올랐습니다. 너무나도 찬란한 그 별빛은 어두운 항구에 등대 불을 밝히듯 내 마음속을 환하게 비추었지요. 별빛에 비춰진 가슴 속에서 수많은 단어들이 서로 엉켜 이리저리 떠돌며 내게 속삭이네요.

모진 고뇌와 방황, 좌절의 순간, 그리고 빛나는 날에 보람과 환한 기쁨들이…….

저는 그 뜨거운 가슴에 엉켜진 덩어리들을 꺼내어 내 삶을 노래하기 시작했습니다. 그리운 날엔 노을을 바라보며 눈부시게 빛날 나의 미래를 생각했고, 힘겨운 날엔 하늘에 떠다니는 구름에게 나에게도 "날개를 달라" 졸라댔죠. 처음의 설렘이 희미해질 즈음 '기형도'를 만날 꿈을 꾸었습니다. 턱없는 꿈이었지만 목표가 있다는 건 행복할 준비를 하는 거니까 좋았어요.

한동안은 화려한 치장으로 둘러싸인 미사여구의 나열이 내가 아닌지를 돌아보며 시를 쓰지 못한 적도 있었습니다. 힘을 빼고 생각에 집중하고 싶었죠. 담백하고 간결한 문장을 생각하며 꽃피고 새 우는 날을 고대하며……

시간이 흘러 생각해 보니 모든 날 모든 순간이 저에게는 자양분이었습니다.

그런 내 삶의 일기가 '시'가 되어 내 집 없이 방황하며 이집 저집 기웃기웃 셋방살이만 13년!

드디어 여기에 제 집을 장만합니다. 아직도 많이 부족하지만 나의 봄날이 곧 올 것을 믿으며 나의 일기를 사랑하는 두 딸 가현·은녕 그리고 당신께 바칩니다.

-태어나 60년을 살고 있는 어느 날에

김영선

차례

■ 自序 · 4

제1부 그 여자의 아침

詩를 몸짓으로 _ 13
그 여자의 아침 _ 14
모래시계 _ 16
사과 _ 18
나의 생각 _ 19
습관이란 게 참 _ 20
이별이라 생각한 날 _ 22
말 _ 23
길 _ 24
냉장고 _ 26
낙엽 _ 28
준비 _ 29

Contents

외사랑 _ 30
김밥 _ 32
시골 밥상 _ 34
자반 고등어 _ 35
푸른 날에 _ 36
다이어트 _ 38

제2부 액자의 고백

액자의 고백 _ 41
소문 _ 42
장안평 _ 44
종이컵 _ 46
기브미 초콜릿 _ 48
사랑하는 "이"에게 _ 50
안경 _ 52
홍대 꽃 디제이 _ 54
행복을 마시는 사내 _ 55

Contents

진실 게임 _ 56
기인 하루 _ 58
개와 늑대의 시간 _ 60
약속 一無 _ 62
편지 _ 64
무명화無名花 _ 66
Because of you - 코로나19 _ 68
얼굴 _ 70

제3부 그대에게

비솝 _ 73
아이러니 _ 74
사유思惟 _ 76
존재·1 _ 77
상대적 빈곤 _ 78
초보 운전 _ 80
가을 _ 81

Contents

다시 _ 82
그대에게 _ 84
시월愛·1 _ 86
시월愛·2 _ 87
장아찌 _ 88
주인공 _ 90
이사 _ 92
구두의 회상 _ 94
수다 _ 96

제4부 꽃잎의 말

삶도 _ 101
취한 말들을 위한 시간 _ 102
꽃잠 _ 104
후後 _ 106
신호등 _ 108
당신의 그늘 _ 109

Contents

흐름의 미학美學 _ 110
치매 _ 112
청춘 블루스 _ 113
겨울나무 _ 114
달력 _ 116
꽃잎의 말 _ 117
너는 곧잘 웃지 _ 118
거미 _ 119
탄성의 법칙처럼 _ 120
궂은 날의 낭만 _ 121
색소폰 _ 122
고백 _ 124

■ 응원의 말 · 126

제1부

그 여자의 아침

詩를 몸짓으로

무감한 표정의
내리 감은 두 눈이 시리다

흐르듯 휘감고
후루룩 날려지는
치맛자락 사이로 보이는
하얀 두 발이 흥에 겹구나

달빛 내리쬐는 푸른 광장에서
향기도 없고 빛도 사라진
메마른 꽃다발 가슴에 안고는
텅 빈 환호를 요란스레 보내며
훠이훠이 허공을 가르는
하얀 두 발로
소리 없이 너를 위해
이름도 없는 춤을 춘다

그 여자의 아침

　귓가로 쏟아지는 나팔소리가 어둠을 뚫고 돌진한다. 소리도 칼처럼 꽂히는 게 신기하지만 그런 신기함을 느끼기엔 턱없이 부족한 찰나의 시간에 잠이 깨어 멍한 정신을 추슬러 휴대폰의 알람을 중지시킨다. 일어나야지 하는 마음과 침대 속에 늘어붙은 몸이 피곤한 전쟁을 벌이는 사이 두 번째 알람이 요란하게 울리고 몸 보다는 늘 마음이 승리하는 피곤한 전쟁은 싱겁게 끝이 난다. 아직도 꿈 속을 헤매는 부스스한 머리를 매만지며 현실로 먼저 온 나의 몸은 현관으로 가 조간신문을 들여오고 찬물 더운물을 반반 섞어 머릿속에 아직 돌아오지 않은 정신을 위해 이미 시작된 하루를 마셔준다. 하루를 일용할 양식을 위해 지난밤을 담고 있던 손을 닦고 냉장고 문을 연 다음 어제 씻어 놓은 쌀로 밥을 안치고 화장실로 가 조간신문을 뒤적인다. 방금 배달 된 신문은 상실한 어제를 기억하고 지나간 시간에 서로 엉켜 있던 일상들을 정리하여 가지런히

나열하고 있다. 방금 소금이 뿌려진 등 푸른 고등어의 신선함이 배어 있는 신문

    아침 반찬에 자반을 구워 볼까……

모래시계

터번을 두른 여자
자유를 찾아 날아온 이글루 안에서
뜨거운 모래바람과 대치 중이다

여자는
녹아내리는 물방울을 그대로 두고
작은 호리병 안 사하라사막의 탈출에 집중한다

사하라는 물구나무를 서며 여자를 올린다

모든 걸 내려놓은 여자가
모래사막에 탈출을 시도하지만
호리병은 너무 좁다

울고 있는 여자

사하라는 서커스 재주넘기로 여자를 달래 본다

이글루 안의 여자는
터번을 벗어 버리며
온몸으로 기뻐하며 사하라를 찬양했지만
물구나무 섰던 사하라가
제 자리로 돌아왔을 때까지
신세계는 오지 않았다

울다 지친 여자가 떠나고
홀로 선 사하라
황금과 유향과 몰약을 싣고 동방의 별을 따라가던
낙타의 웃음소리가 그립다

사과

아버지 퇴근길
누렇게 바랜 봉투 위로 붉은 주먹들이 울퉁불퉁
이리저리 비틀대며 아버지를 따라온다

어린 것들 단맛을 나눠주며 움켜쥐는 두 주먹
입 안에 고이는 신 침을 삼키시던
당신의 눈가에 맺힌 빗물이
어떤 맛인지 알게 된 지금
나는
과일가게 앞을 지나며 당신에게 사과를
내 손엔 몇 알의 사과를

저녁을 물린 후
딸에게 사과를 내놓는다

나의 생각

나의 생각은
하루에도 몇 번씩 하늘을 날며
보리수 그늘 아래에서 두 손 모아 노래 부르다
폭풍 같은 속도로 깊은 바다에 추락하기도 하고
잔잔한 들꽃 한들거리는 오솔길을
풀피리 부는 목동 되어 황소 타고 가다가
박연폭포 아래에서 목 놓아 통곡하고
아우토반 끝없는 길 카레이서 되었다가
어제 본 드라마의 주인공이 되어
내 방식대로의 결론을 내려주고
저녁 메뉴로 올릴 육계장의 레시피를 떠올리며
오늘 사야 할 것과 있는 재료를 분류함과 동시에
지갑 안 지폐와 동전 카드의 합으로
더하기 빼기를 하고 있다

습관이란 게 참

오늘도 다짐을 하지
이젠 제발
나를 위해서만 살아가라고

아침에 눈을 뜨고 가벼운 기지개로 몸을 풀며
멋진 나를 위한 하루를 설계

바흐의 무반주 바이올린 연주가 흐르면
금쪽같은 사과를 갈아 먹고
부드러운 스프로 비어있는 위장을 열어
호밀 빵에 신선한 야채 고소한 오믈렛
뭐 대충 이런 것들로 위장을 채우지
후식은 쌉쌀한 커피와 달콤한 티라미수

상쾌한 하루의 시작이야 분명

고급스런 일상을 마치고 돌아와 품위 있게

냉장고를 열고
남아 있는 잔반을 커다란 양푼에 쓸어 담아
따뜻한 흰밥에
새빨간 고추장과 고소한 참기름 듬뿍
휘뚜루마뚜루
휘뚜루마뚜루

사람 습관이란 게 참

이별이라 생각한 날

냉장고를 열고
지난 시간을 품고 잠든 반찬 통을 꺼낸다
넓은 팬에 식용유를 두르고
찬 통을 흔들어 깨워 이리저리 볶아 본다
본질에 충실한 팬 속에 흔들리는 잔반
잃어버린 시간들이 살아나며
새 삶을 찾는 동안
나는
너를 향한 유통기한을 늘린다

말

흐르는 것은 세월만이 아니더라!

입 밖을 떠난 말이 흐르고 흘러
세상 구경을 하고 나니
말이 말을 낳아 말무리가 되더란 말씀
살아갈수록 아는 게 많은 인간들
너도 나도 많은 말을 낳아
세상에 말을 더하니

오호 통제라

그 입 다물라

길

아직 멀었다
갈 길은 저 끝자락에서
나를 조롱하듯 히죽거리고
벌써부터 헉헉대며 숨이 차오르는 꼴이라니
괜스레 가자미눈으로 힐끔힐끔
철 지난 철쭉을 넘실거린다
목이 마르다
바닥나기 시작하는 인내심이
어제 남긴 달콤하고 시원한
밀크쉐이크에게 미련을 보인다
꿀꺽
목울대가 시소를 타듯 미끄러진다
생각해 보니 오는 게 아니었다
돌아가고 싶다고 여우 귀에 대고 속삭여보지만
때맞춰 불어오는 바람 따라 날아가 버리고
점점 타들어가는 목젖과 빨라지는 심장 박동수가
경쾌하게 리듬을 타며 단물을 뿜어낸다
이제 시작인데 이제 시작일 뿐인데……

하지만
코 묻은 상념들은 뒤로하고
이미 나는
이 길을 가고 있다

냉장고

너를 믿었다

그러나
하루가 가고 이틀이 지나
영원히 변치 말잔 그 맹세
시들은 꽃잎에 물들어가고
잊혀진 계절의 여인이 되어
눅눅하고 서늘한 뒷방 신세라

먹고 달아나는 밤손님이여
남겨진 자 여기 있나니
찾아 주시오
허공에 소리 없이 외치는 소박대기네

안개비 내리는 미련 때문에
오해의 시간을 거꾸로 거슬러
잃어버린 임

꽃같이 기다리며
한없이 빠져드는

삶의 모순

내 마음의 블랙홀

낙엽

가을엔 이별을 하자

하늘과 산과 들엔
꽉 찬 그리움 짙게 물들어
그대의 고된 노고에 바치는 공손한 안부가
제 몫의 그리움 담뿍 안고
떠날 준비가 한창이다

그러니 그대
희망 가득한 봄날의 기억과
뜨겁게 지나온 열망의 날들과
가슴 한가득 담겨진 모든 것들에게
이별을 고하라

행여 아쉽다 속살거리면
훅 하고 불어온 바람이 전하는 이별의 말들을 전하라

떠날 때 아름다운 이별이 진정 사랑이라고……

준비

냉이와 달래를 넣고 된장찌개를 끓인다
자주 먹는 찌개인데 냉이와 달래가 들어가니
투박한 뚝배기에 봄이 한가득
보글보글 끓고 있는 찌개가 집안에 스며들자
집안 구석구석 남아 있던 겨울이
슬며시 자리를 내주며
어서 문을 열고 봄을 맞이하라고
말을 건넨다

맛있는 봄을 한껏 먹고 바라본 창밖이
시리다

외사랑

그가 말했다
외로워서 사랑을 한다고

쓰다가 뭉그러진 연필심처럼
무뎌진 가슴을 자극하는 외로움이
오늘은 더욱 흐려져 슬프다

그대여
외로워 마라
누구나 가슴 한켠에
시리도록 아름다운 초록계단이 있으니
그 아래로 그 시절로 돌아감은
가만히 책상에 앉아 연필을 깎아 정리를 하는 것
언제고 하얀 종이 위에 써내려 갈 준비를 하는 것
그렇게 그대에게 갈 준비를 하는 것

그러니 그대 외로워 마라

너 그거 아니
네가 외로워 사랑을 할 때
흐려진 연필심 바라보는 눈동자
너를 향해 외로운 사랑을 한다는 거

김밥

네모난 이불에
푹신한 꿈을 깔아요

상큼한 행복과
구수한 바램은
산뜻 산뜻 빛나는
따뜻한 마음속에
잘
버무려
돌돌 말구요

행여
옆구리 터질까
걱정은 마시길

공손한 두 손과
오물오물 입술이

책임져 줄
것이니

시골 밥상

곤드레나물 넣어
한소끔 밥을 짓고
무나물 호박나물 들기름에 달달 볶아
도라지 콩나물 시금치에 숙주나물 곁들여
묵은지 열무김치 한상을 차려보니
그래도 손님상인데 비린 것 하나쯤 올려야지
옳다구나 자반을 지져보자
무를 숭숭 썰어 얼큰하게 한 자배기
상추에 쑥갓 쌈
청량고추 뚝 잘라서 집 된장에 찍어 먹고
어이쿠 매워라
구수한 청국장을 한술 푹 떠
소박한 시골을 받아먹는 도시인

오늘만큼은 순박한 시골 얼굴이다

자반 고등어

이 몸이 아직 바다를 잊지 못해
소금 한 줌 뒤집어쓰고서야
등푸른 자태를 뽐냈다

이 생에 마지막 우아를
내 놀던 앞바다 말려버린
하얀 생각들과 함께하니
고향을 맞이한 내 몸은
더욱 단단해지고 기름져질 것이며
고소하고 구수하게 지져질 것이다

푸른 바다의 하얀 생각이
공손한 인간의
위대한 식탁에 오를
그
날에

푸른 날에

또 하루를 보냈다

내 남은 생의 제일 푸른 날에 하루를 살라먹고
나는
아직 남아 있는 생을 향해 돛을 돌린다

지나간 일들이 순풍에 날아간다
몇 편의 아름다운 시와
해맑은 청년의 웃음과
소멸해 버린 명랑한 마음과
벗어버린 초라한 허물들과
찬란하게 쌓여진 인사들이
노을처럼 지고 있다

이제 오늘을 마감하며
또다시 떠오를 내일의 태양을 생각해 본다

하얀 구름에 가려서
혹은 폭풍우에 묻혀서
하루쯤 햇살이 가리워져도
늘 그랬듯이
태양은 그 자리에 언제나 있으니
기꺼이 나는
나의 내일을 맞이하겠다

다이어트

가난을 짊어지고 살던 때에
그 많은 궁리와 생각을 배 터지게 쌓아놓고
넘쳐나는 관념의 시간으로 행복을 쓰던 날엔
달도 밝았다

휘영청 밝은 달빛에 취한 나날들

가난을 등지고 살고부터
생각의 부재로 텅 빈 가슴이
욕망에 무너진 허한 이름을 쓰며
달도 빛을 잃어 갔다

휘영청 밝은 달빛이 그리운 나날들

찬란한 말들로 부유했던
꽃 시절을 그리며

작금의 마음을 비워내기

제2부

액자의 고백

액자의 고백

그날에 나의 우아는
핏빛 멍울에 취해 저지른
지극히 감상적이었음을 고백합니다

흐르던 구름이 쉬어가는 만화방초 언덕
바람이 가져다준 시몬의 편지를 손에 들고
우아한 미소로 읽으려 할 때
그는
세상의 시간을 멈추게 하고
천장 밑
식구들이 보는 작은 독방에 나를 매달아
가끔씩 오가며 힐끔힐끔
나의 우아함을 비웃었지만
나는 멈춰진 시간 속에서
읽지 못한 시몬의 편지를 보고 또 봅니다

그만이 알고 있는 시몬의 편지
그것은??

소문

그랬다고 하더라

아토피가 심한 그가 급하게 음식을 먹고 급체를 했다. 몇날 며칠을 먹지도 자지도 못하고 꼬챙이처럼 말라갈 때 그가 할 수 있는 유일한 일은 땡볕에 나아가 가려운 몸을 말리는 일. 따뜻한 그늘을 오가며 온몸을 말렸다. 더 이상 증발할 수분이 없을 때까지 하루에도 수차례 햇볕에 몸을 맡겼다

사람들은 그가 따가운 태양을 마주하고 먼 우주의 어느 별과 교신을 한다고 했다. 아니 하느님의 계시를 직접 받고 있는 것이라고도 했다. 그의 집이 신성시 된 것도 그 무렵이다. 사람들은 점점 그를 신격화했다. 심지어 그가 한 끼를 때우려 편의점에 라면과 담배를 사러 갔을 때에도 사람들이 몰려들어 아무것도 사지 못하고 그냥 돌아와야 했다

온몸이 가렵다. 허기진 배를 움켜쥐고 팔 다리 허리를 긁어댄다. 텅 빈 냉장고를 열자 차가운 바람이 가려운 몸을 시원하게 긁어 준다. 냉장고 불빛이 태양처럼 따사롭다.

몇 달이 지나 그의 집에서 싸늘하게 말라버린 그의 시신이 발견되었다. 사인은 아사(餓死)였다

장안평

검은 선그라스의 사내가 느리게 지나는 차 앞을 가로막으며 호객행위를 한다

짙은 안경 속 흔들리는 눈동자가 바쁘게 움직이는 동안에도 고가의 등산복에 감싸인 구릿빛의 어깨는 여유롭고 부드럽다

미아리 그녀들의 헐벗음이 안쓰러운 검은 안경의 사내는 최신형 케이투 등산복에 온몸을 감싸고 알맞은 근육을 뽐내며 '나의 포장을 믿어 봐요. 지나간 아픔 따윈 말끔하게 감싸서 끝없는 행복을 보장해요'
엄지 손가락 치켜들고 품위 있게 외쳐댄다

슬픈 과거를 지워 준다는 짙은 안경 사내의 다짐이 입속을 빠져나와 지나는 차와 사람들 사이에서 방황하다 거리에서 잠이 든다

언제나 관건은 화장발이다
곱게 바른 분 빛나는 눈동자에 새 신을 갈아 신고 망가진 마음 버려진 슬픔을 달래줄 새 님을 기다리는 애마들······

검은 안경의 사내가 산전수전 끝내고 공중전에서 나름대로 사뿐히 착지한 이곳

사내는 아직 전쟁 중이다

종이컵

나의 기다림은 공허하여 텅 빈 가슴이 되었어요
유리벽 안에 진열된 인형처럼
당신의 손길을 기다리며
웃음 짓는 꽃
오늘은 어떤 걸로 텅 빈 가슴이 채워질지
두근거리는 마음에 빳빳하게 굳어있는 몸
따뜻한 커피라도 한 잔 하고 싶군요
시원한 맥주도 괜찮아요
고소한 거품이 온몸을 핥아내려
아찔하게 감싸 올 땐
전율마저 느껴지죠
생각만 해도 갈증이 나네요
이러다 오늘도 물먹는 건 아닐까요
아 드디어 당신이 나를 안았어요
부드러운 손길이 나를 감싸며
떨리는 입술로 나를 데려가
애틋하게 입맞춤하는 뜨거운 우리의 사랑

당신의 입술은 달콤한 솜사탕
난 그만 꿀같이 녹아내려요
따뜻한 당신의 손길을 온몸으로 느낀 난
오랜 사랑을 꿈꾸고
당신의 바람기는
금방 나를 버리고

비참하게 구겨진 나의 사랑
슬픈 운명 같은 우리의 사랑
바람둥이 당신의 스치는

일회용 사랑

기브미 초콜릿

눈부신 태양이 고개를 숙여 땅 끝에 배꼽인사 하니
집주인 아저씨 자전거에
서류 봉투가 비틀거리며 퇴근을 하고
문간방 제니퍼의 인조 속눈썹이 출근을 해요
하이힐에 망사스타킹
가녀린 다리 위 체크무늬 스커트
노란 블라우스 위로 떨어진 향수 두 방울에
허리 꺾인 장미가 발톱을 세우며 암내를 풍겨요
장밋빛 입속에 하얀 치클 껌이 떡방아를 찧네요
또각또각 하이힐이 피아노를 쳐요
엉덩이가 실룩샐룩 도레미파솔라시도
맛있는 떡방아 소리가 경쾌도 하죠
어제는 존에게 캔디를 받았지만
오늘은 제임스에게 초콜릿을 받고 싶은
제니퍼의 소원을 알고 있는 건
새참 무렵 점쳐본 화투 패 48장
님도 보고 뽕도 따는 오늘의 운세

엉덩이가 실룩샐룩 도레미파솔라시도
발걸음도 가벼이 치클 껌 하나 추가요
부대 앞 레코드 가게에 살찐 스피커가
돼지 멱따는 소리로 제니퍼를 환영해요
기브미 초콜릿
기브미 초콜릿~

사랑하는 "이"에게

가물거리지만 처음 내게 키스를 청할 때
무척이나 근질거려 배시시 웃었지 아마
몽글몽글 팝콘처럼 터지는 네가
세상의 감미로움을 혀로 가져와
영혼의 맛으로 나를 사로잡을 때
너와 나의 사랑이 시작되었지

우리 사랑이 익숙해질 즈음
넌 말없이 이별을 말하고
난 그저 두 발 가지런히
하늘만 쳐다보며 눈물만 뚝뚝
그런 이유도 없는 이별을 반복하다 깨달았지
우린 헤어질 수 없다는 걸

때로는 달콤한 유혹에 빠져
아픈 상처를 남기며 황홀한 흉터를 남길지언정
언제나 제자리 단정함을 지켜내는 정숙한 너
어두운 침묵에 버려져 처절히 외면당해도

내일 떠오를 태양의 따사로움과
장막이 걷히며 불어올 신선한 바람
한 모금의 시원한 약수만을 생각하는 바보 같은 너
나를 얼마나 사랑하는 거니

세월이 참으로 빠르구나
박하 향 가득한 초록의 아침과
향긋한 원두 향 퍼지는 고동의 저녁이
권태로워져 가는 나날들
지쳐 가는 사랑하는 이여
투정도 앙탈도 이젠 내가 다 받을 게
나의 사랑이 너무 늦은 건 아니지

이런
오늘은 아침부터 앙탈이 심하군

안경

안경이 놓여 있다

정돈되지 않은 책상 구석에 뽀얀 먼지분 바르고선
새침떼기 새색시처럼
얌전을 떨며 다소곳이 놓여 있다
살포시 풀어진 옷고름 마냥, 펼쳐진 책갈피 사이로
목말라 우물을 찾아 헤매는 활자들이 읽히고파
소리 없이 꿈틀거리고
안경너머 꿈꿔오던 형이상학적인 세계가
동화처럼 펼쳐지며
주인 잃은 안경을 간절히 원하는 시간이 계속되고
안경은
아직도 주인을 잃어버린 채
소박맞은 여인 되어
그렇게 놓여 있다
지독한 고독의 시간이 흐르고 있다
빛이 사라졌다 새소리와 함께 들어왔고

시들지 않은 꽃송이가 꽂혀있는 화병이
길어지다 늘어지며 사라져 어둠 속에 묻히고
별이 뜨고 달이 차오르고
달빛이 커튼 사이를 비집고 들어와
푸른빛으로 빛나는 안경을 비추었다
무대 위 조명 같은 달빛에 반짝이는 안경은
또 하루만큼의 먼지분을 덧발랐다
그리고
바르는 분만큼의 기다림이 더해졌다

안경이 놓여 있다

홍대 꽃 디제이

　뜨거운 디제잉에 맞추어 불태워지던 홍대의 클럽데이가 끝나가는 시간. 클럽을 빠져나와 새벽으로 사라지는 젊은이들 사이로 장엄하게 짐수레가 굴러온다. 푸른 안개를 헤쳐 가르는 푹 눌러쓴 모자. 숙연한 수레를 끌고 있는 남자의 빛바랜 모자에 새겨진 KBR이 칼바람처럼 읽혀지는 건 사내의 수레가 안개를 가르는 속도가 테크노만큼 빠르기 때문이다. 불타는 홍대의 클럽들이 익어 갈 때 남자의 수레도 조금씩 영글어 아직 동이 트기 전인데 벌써 만원사례. 힘차게 안개를 헤치며 디제잉을 하는 남자의 수레에서 삐죽거리며 출렁대는 파지들이 부비부비를 한다. 해가 뜨고 클럽의 빨간 물이 빠지며 부풀어 오른 남자의 수레가 수음을 하자 질펀한 클럽을 빠져나오던 여자의 가는 허리선을 닮은 콜라병과 콜라처럼 물 건너온 하얀 맥주병, 그 사이에 구겨진 펜트하우스의 여자들이 웃으며 반기는 고물상으로 사내는 오늘의 아침을 사러 간다

행복을 마시는 사내

행복을 마신다고 했다
잔 속에 오늘을 채우고 내일을 안주 삼아
볼우물 깊게 파인 사내가
두 볼로 말을 하며 술잔을 들어 올린다
목울대를 타고 넘는 행복이 시소를 탄다
소독이 된 행복은 신선하다
멍게를 초장에 찍어 먹는 것처럼 상큼하다
두 볼에 파인 보조개가
마시는 술잔같이 움푹 파여 있다
키조개 안주를 시켜먹는 사내
행복을 마시는 입가의 볼우물도
바쁘게 움직이며 기쁨을 마신다
어느새
행복 한 병이 비워지고
어둠이 태양을 마시듯
행복과 기쁨을 마셔버린
볼우물 사내의 천국 같은 하루가
지나고 있다

진실 게임

무엇이 진실인가
판단이 서지 않을 때 난 유저가 된다
머릿속엔 이미 해답이 떠올라 빙글거려도
외면한 두 눈이 가자미가 되어 게임 속에 빠져든다

진실을 찾아 헤매는 눈동자가 부산스럽다
잠들어 있는 호두알 속 구석탱이 세포를 깨운다
쏟아질 것 같은 눈알을
잡스러운 손으로 꾸욱 누른다
쑤욱 들어가는 눈동자에 별이 뜬다

아 피곤해서 돌아 버린다

별을 딴 두 손으로 패인 얼굴을 훑어 내리며
진실된 게임에 빠진다
증거는 단지
먹다 남은 컵라면과
증거인멸을 위해

수북하게 쌓여진 꽁초들 뿐
흐르는 시간도 진실 속에 빠져
타락한 진실을 확인하고
확인된 진실이
하얗게 빛나는 날을 보낸다

기인 하루

균형을 잃어버린 어깨 위에
내려앉은 나비를 바라보는 그녀의 시선은
한참 동안 그대로였다

특별히 바람이 불어온 것도 아니었고
그로 인해 날려온 향기가 있는 것도 아니어서
나비는 어깨에 균형을 맞추고
그녀는 나비와 함께 균형을 맞추는 일 속에 들어가
숨을 멈추고 하나 둘 숫자를 세어 본다

정지되어버린 나른한 오후 속에
잠시 그녀의 숨이 멈추었다
조용한 들숨이 목젖을 흔든다
흔들리는 목젖이 울대를 울린다
한가한 전봇대가 상기되어 불을 밝히는 골목
발자국 소리도 멈춰 있었다

얼마가 지나
향기 없는 바람이 불고
나비가 날고
균형을 잃어버린 어깨가 흔들리며
기인 하루가 지나갔다

개와 늑대의 시간

노을 속으로 그가 떠났다
뜨거운 빛으로
검은 점이 되어 허우적거리며

늘어졌다 움츠린 피사체

그를 애도할 시간도 없을 만큼의 시간에
뭉클한 가슴은 파도가 일고
깊고 깊은 바닥에 고여 있던 붉은 액체가
흐르듯

흘렀다

흐르고 지는 공식의 어리석음

차라리 이별보다 편안한 어둠이
눈부신 흔적을 지우고

노을이 지고

그가 떠났다

약속 一無

오지 않을 이를 기다리며
그와 함께했던 시월에 앉아
그의 체온보다 더 뜨거운 커피를 마신다
오가는 사람들의 경쾌한 발걸음과
몇 차례 주인을 갈아치운 의자들이
싸늘히 식어가는 커피와 함께
오지 않을 그를 기다린다

탁자에 수북이 쌓이는 생각들……
뜨거운 여름을 지나온 하늘이 별을 삼키고
시월의 하늘은 잔별도 없다

쌓여진 생각이 바람에 날아가고
아직도 그는 오지 않았다
사람들이 내 주위를 흐르고
멈춰버린 나는
차가워진 커피를 버린다

시월이 오면
한번쯤 기다리고 싶었다

오지 않을 기다림은 그리움을 만드니
오지 않는 이여
오지 않는 동안
그리웠노라 말하겠습니다

편지

이쪽의 내가
저쪽의 네가

하얀 종이 위에 파도처럼 부서지는 말

넘을 수 있는 사랑을 말했고,
사랑을 말하고
왔다 가는 계절을 말했고,
사랑을 말하고
희망을 침묵했고,
사랑을 말하고
돌잡이의 옹알이와 뒤뚱거리는 걸음마를 말했고,
사랑을 말하고
빈깡통의 말라붙은 분유의 본질을 말했고,
사랑을 말하고
월세방에 피어난 곰팡이의 눅눅함을 말했고,
사랑을 말하고

말, 말, 말, 말, 말을 했고,
사랑을 말하고……

몇 번의 계절이 끝날 무렵
낙엽처럼 쌓이는 사서함 1호 3554
봉인된 말들이 찾아든 파란 대문 집 우체통엔
수취인 대신 도둑고양이가 올라앉아
나른한 오수를 즐긴다

무명화 無名花

나는 이름 없는 들꽃

어두운 밤하늘에 반딧불이 빛나듯
얼었던 땅속에서 꿈을 꾸고 피어난
어여쁘고 향기로운 하얀 들꽃

알아줄 사람 없는 들길 따라 거닐다
바람에 흔들리는 향기에 취한 님
피었다 지는 사연
모르신다 하길래
그냥 웃으며
산들산들
흔들릴 뿐,

나는 그저 들길에 피어난
향기롭고 이름 없는
하얀 들꽃

호랑호랑 호랑나비 날갯짓에도
그냥 환하게 웃으며
산들산들 산들산들
흔들릴 뿐 뿐 뿐,

입니다

Because of you - 코로나19

난
잘 지내
물론 당신도
그러리라 믿어

손 내밀면 닿을 거리에 당신을 두고
볼 수도 만질 수도 없는 건
당신과 나의 뜨거운 사랑이 부러운
헤라 여신의 질투로밖엔 설명이 안 돼
당신은 제우스신보다 멋진 사람이니까

하늘도 슬픈지
오늘은 종일토록 울고 있네

짙은 시련이 지나면
우리에게
더 빛나고 아름다운 날들이 오겠지

난 그렇게 믿어

부디
기다림 짧고
만남은 긴

당신과 나의 완전한
사랑의 날을
꿈꾸며······

보고 싶다

얼굴

50년을 넘게 살다 보니
조금씩 무언가가 보이기 시작한다
그것이 세상 살아가는 이치이건 처세이건 간에
나와 더불어 살아가는 사람들이 보이기 시작했다
나이가 들면
자기 얼굴에 책임을 져야 한다고 말씀하신
옛 어른들의 혜안이 놀랍다
우선 가까이 있는 이들의 얼굴을 살핀다
생각과 마음이 신기할 정도로 얼굴에 그려져
그 사람을 설명하고 있다

사람들의 얼굴이 간판처럼 읽혀진다

거울에 비친 나를 본다
익숙한 얼굴이 나를 보고 있다
한참을 들여다본다

그냥 웃는다!

제3부

그대에게

비숍

꼭
규칙이라면 할 수 없지
밤의 논리로 낮을 정의할 수 없듯

흑, 백
사라진다
사라져라

한나절을 '각'에 가두었으니 이제
사포를 준비할게
머리를 숙여 정중히 네게 기도를
당신을 존중하나니
그저 조용히 따라가나이다

희미한 걸음
단
한 걸음만

    *비숍 : 체스의 용어

아이러니

걸었다

더 이상 채울 수 없는 생각의 짐짝을 둘러메고
화려한 거리를 휘청거리며,
점점 굽어오는 등짝이
생각의 무게를 따라 휘어졌다
하여

걷는다

더 이상 채우지 않으리란 다짐과
버림의 상관관계를 생각하며,
버림과 비움의 미묘한 사이를 넘나드는 사이
조금씩 가벼워지는 어깨와 등짝,
하여 다시

걸었다

더 이상 그 무엇도 채우지 않으며
한 발에 空(공)
두 발에 空(공)
무상과 무념의 발자욱이 찍혀가는 하얀 길,

하여 다시

걷는다.
허기진 낭만을 채우려
화려한 도시를 휘청거리며,
굽어오는 등짝의 무게 따윈 하얗게 잊은 채……

사유思惟

뭘 해도 찬란한 날이었지
매의 눈으로 하늘만 쳐다보며
태양의 도전에 눈부심은 사치라 사칭하고
휘어지기보다 부러지는 일이 태반인
새벽 선상에 생선처럼 팔딱거리던
사유思惟의 시간

흐르는 것은 눈물만이 아니듯

뭘 해도 빛을 잃어가는 날이 오고
적당히 숙여진 고개가 땅끝을 향하고
눈부심을 가리려 걸친 안경에 안개가 끼고
점점 좁아지는 골목길을 걸어가는
지나온 많은 시간 안에
산처럼 쌓여서
딱딱하게 굳어버린

사유思惟

존재 · 1

칠흑같이 까만 밤하늘을 떠도는 목성에는
비가 오지 않았다
우주의 사전엔 비가 없으니
다만
뜨거운 겨울을 나고 있는 지구, 한 귀퉁이를 적시며
부슬거리는 액체가 있을 뿐
아마도 계절을 잃어버린 소행성 아피포스가
그리운 지구를 스쳐가고 있나 보다

아피포스가 스치는 지구의 온밤을
사각사각 갉아먹고
나는 아직 지구에서 살고 있다

상대적 빈곤

마음이 가난한 자
하늘을 보라
파란 세상에 널려 있는 흰 구름
가슴 가득 담을 수 있으니

생각이 가난한 자
갈대밭으로 가라
연약한 갈대 흔들리는 소리
귓가에 듬뿍 넘실거릴지니

가난하고 가난하고 또
가난한 자여
이른 새벽 대지에 널려 있는 맑은 공기를 마셔라
밝고 맑고 상쾌한 날이 오리니

먹고 마시며 살아갈 공기가 충분한 자
가난은 죄가 아니니

그저 또,
무찌르고 정복하고 맞이하여

경배하라

초보 운전

그녀가 그것을 할 때처럼
진중하게 세상을 살았으면 지금쯤 아마도 그,
뒷자리에서 그것을 하는 누군가를
팔짱이라도 끼고 바라보고 있겠지만,
조금의 틈이라도 생기면
쏜살같이 끼어드는 앞차를 피하기도 바쁜 게 현실
지나는 차량들 사이로 울려 퍼지는
솥뚜껑 운전 송(song)이
잘 나가는 랩의 훅(hook)처럼
리드미컬하게 치고 들어온다
서늘한 목덜미에 치솟는 힘줄,
그녀의 다리는 고양이가 필요하고,
갈 길은 멀고,
그녀는 외롭고,
인생은
언제까지고
직진이다

가을

할 만큼 했고 줄 만큼 줬다

대추나무에 걸린 연들이 날아오르니
가벼워진 마음에 길을 나선다
막상 갈 곳이 없는 하늘이 높고 푸른 날
아직도 그대로인 뜨거운 가슴이 뛴다

파고다 공원의 비둘기야
우리 함께 바람의 노래 부르자
길어진 그림자에 멋스러운 페도라
흥겨운 어깨춤이 덩실 더덩실

노란 은행잎이 비처럼 내리는 날
덕수궁 돌담길을 함께 걷던 아름다운 그녀도
어디선가 단풍 되어 익어가겠지

다시

아직
아니에요
너무 서두르지 말아요
가지고 있는 모든 걸 원한다면
기다림은 기꺼이 받아들여요

저 넓은 벌판과
짙푸른 바다 깊은 곳에서 와
오직
당신만을 위한 열정으로
끓어올라요

아직도
아니에요
너무 서두르지 말아요

아픔도 지나면 무뎌지듯이
사랑도 지나면 희미해지는 시간

아 그대……

다시
태어나는 시간

그대에게

친구야
꽃이 진다고 봄날이 간 건 아니야
움츠린 어깨 활짝 펴고 머리 들어 하늘을 봐
아직도 반짝이는 별들과 따사로운 햇살이
너를 비추고 있잖아

친구야
이젠 웃으며 살자꾸나
기뻐서 웃는 게 아니라
웃으면 기쁨이 오는 걸 알게 될 거야
세상에서 제일 기쁜 일은 내 마음이 웃는 일이야

친구야
겨울이 온다고 추울까 걱정하지 마
따뜻한 손난로와 다정한 이웃이 네게 있잖아
세상은 생각한대로 흐를 거야
그러니 이제 우리

따뜻한 가슴으로 환하게 웃으며 살아가자

친구야!!!

시월愛 · 1

사랑愛
하나 보다는 둘이기愛
서로 기댈 수 있고 나눌 수 있기愛
냉정한 1자 뒤에 넉넉한 마음이 있기愛
너를 향한 마음이 텅 비어 있기愛
그 마음 다시 채울 수 있기愛
그리하여 다짐인 듯 시작할 수 있기愛

바람인 양 스치며 너를 훑고 지날 수 있기愛

시월의 어느 날愛

시월愛 · 2

황금빛으로 물든 들판愛
겸손히 고개 숙인 벼이삭愛
짙은 화장하고 고운 손님맞이 한창인 높은 산愛
내어줄 수 있는
모든 것들을 주렁주렁 달아놓은 나무愛
기차가 지나는 길목 어귀愛
지는 노을 바라보는 허수아비愛
눈부신 태양이 가루처럼 날리던 날愛
사랑이라 말하고 바람에 날아간 그녀의 스카프愛
비처럼 내리는 낙엽들 사이로 걸어오는 당신愛
달랑 두 장 남겨진 달력을 찢어내는 눈동자愛

시월의 마지막 밤愛

장아찌

기나긴 세월
바닷바람에 꾸덕꾸덕 말라가는 황태처럼
여자가 그렇게
세월 속에서 꾸덕꾸덕 말라가네요
바닷바람은 소금에 절여진 짭짤한 자반처럼
여자의 맛있는 한 끼 식사
긴 세월 동안 고독은
절여지고 말라가며
가슴으로 장아찌를 졸이는 날들

팔팔 끓는 간장 속에 붉은 사과 두 알이 춤 추네요
뱅글뱅글 돌아가는 사과와 파란 땡초의 탱고
속이 하얀 양파까지 덩달아 곁돌며 스탭을 밟아
탱글거리던 속을 뭉개버리죠
돌리고 돌리고
살리고 살리고

모든 게 빠져버린 오후

긴 세월의 고독을 차곡차곡 담아요
지나오며 말려버린 맛있는 가슴도 넣어요
버리고 싶은 순간의 한 장면도
제일 깊고 어두운 구석 한켠에 넣고
찰랑찰랑 맛있게 잘 달여진 간장을 따르며
벌써 한참 전에 준비해 놓은
씻고 또 씻어
달빛에 반짝이는 하얀 돌에 주문을

모든 건 맛있게 잘 절여질 지어다

주인공

저마다 말을 하지
찬란한 삶이라고
치열하게 달렸다고

그래 인생은 영화보다 더 영화 같은 거야

1막이 끝났다 아쉬워하지 마
2막이 끝나도 서러워하지 마
끝나도 끝난 게 아닌 걸 잘 알잖아

차라리 말을 하지
피곤한 삶이라고
노력해도 안 된다고

근데 인생은 영화보다 더 영화 같은 거야

1막이 끝났다 아쉬워하지 마
2막이 끝나도 서러워하지 마

끝나도 끝난 게 아닌 걸 잘 알잖아

마지막에 웃는 게
주인공이야

이사

햇살 따사롭고 손 없는 날
10년 동안 끌어안고 살아가던 것들을
놓아 주기로 했다
그런 마음을 알았는지 내가 눈길을 주자
강산이 변하도록 기색도 없이
숨어 있던 것들이 살아나 쓸데없이
숨을 쉰다
서랍장마다 가득 찬 지난 세월이
쉽게 집을 나서려 하지 않고
저마다 그날의 찬란을 말하며 나를 괴롭힌다
어디 사연 없는 인사가 있겠는가
굳은 결의는 발목을 잡고
매달리는 것들에게 매정했다
지난 것은 무효
새로운 시작을 위해 마음을 다잡은 난 냉정해진다

끝도 없을 것 같던 이별과 그나마 남겨진 것들

집 밖으로 쫓겨나 초라해진 인사가 눈에 밟혀
하얗게 지샌 밤이 지나고
나는
단출한 아침을 맞는다

구두의 회상

난 쌍둥이
비가 오나 눈이 오나
우린 함께 다니지
네가 내가 되고 내가 네가 되어
지쳐 쓰러질 때까지 함께 걸어가는

기나긴 여정에 고된 향기 스며들어
나의 뼈와 살은 뒤틀리고 쳐졌지만
한때는 빛나는 이마에 날렵한 코
클레오파트라 못잖은 미인이었지

누구나 타고난 그릇이 있듯
나도 내 그릇에 맞는 삶을
여한도 없이 살아내며
추억의 금자탑을 쌓았어

이젠 찾는 이 없이
그늘진 구석 뒷방 늙은이로

얌전히 쉬고 있지만
쌍둥이 내 친구와 두런두런
지난 얘기 밤새는 줄 몰라

수다

나른한 오후
모두 다 모여
별 다방 커피
항해사 커피
설탕도 넣고
소금도 넣고
왼손으로 젓고
오른손으로 먹자
두 귀는 쫑긋
빛나는 동공
즐거운 인생
맛깔진 세상
추잉껌 씹듯
맛있게 씹자
신문은 헛방
티브이는 먹방
인생은 한방

우리는 빈방
다 같이 합방
요놈의 입방

제 **4** 부

꽃잎의 말

삶도

더러워지면 빨고
누렇게 변질되면 삶고
따사로운 햇살 아래
뽀송하게 건조시켜
구겨진 인생 다리미로
쫙 펼쳐놓는
세탁소가 필요하다

취한 말들을 위한 시간*

차가운 고지를 넘나드는 비틀거리는 삶
하얀 발자국을 남기며
오색실 찰랑이며
취한 시간을 즐기며 가는 길
말이 없구나

가난하다는 건
따뜻한 난로 앞에 서로를 모이게 하는 것
나의 누이도 나의 형제도 모두 다
따사로운 난로 앞에서 평화로이 잠드나니
우리는 행복한 가족 꿈꾸는 천사들

너의 하얀 웃음이 날 울려도
슬퍼할 시간조차 없는 삶
네 눈 속에 쓰여진 사랑의 말이
내 가슴을 취하게 하는 시간이다

취한 시간은 희망의 시간

세상 저편에서
너는
희망을 따라 비틀거리며 오늘도
말없이 고지를 넘는다

* 이란의 고흐만고바디 감독 영화제목

꽃잠

싹이 트기까지 알 수 없었던 색깔론의 분분함이
싹수를 보이며 색을 찾아가자
어른들은 더 이상 색을 가지고 논하지 않았다
세상에서 제일 예쁜 꽃을 피우기 위한
서투른 기도가 시작되고
하루에도 몇 번씩 물을 주며
잡초를 뽑아내고 분갈이를 하고
꽃을 가꾸기에 연연할 뿐
얼만큼의 꽃으로
얼만큼의 향기로
얼만큼 멀리 퍼질까를 위하여
샴페인을 마셨다

불어오는 시원한 바람 따라
항해하듯 흔들리는 들판에
푸른 하늘 드높다

계절이 바뀌고

흩날리며 떨어지는 꽃비가 아름답고
맺지 못한 공존하는 길에 꿈이 깔리고
아름다운 꽃의 태양을 향한 눈부심이 시리고
노을이 지고
바람도 잔잔해진 들판에 꽃잠들고

후後

사 년 넘게 병치레하던 남편을 떠나보낸
그녀는 요즘 할 일이 없다
지옥 같던 간병에서 탈출하면
세상이 천국일 줄 알았는데
아침마다 신선한 야채를 내리던 녹즙기가
주방구석에 처박히고
현미로 맛있는 밥을 완성했다고 상냥하게 말해주던
밥통은 벙어리가 되고
희귀하게 생긴 버섯들을 끓여대던
주전자가 가스렌즈 위에서 독버섯을 키우고 있다
티브이 안의 사람들이 분주한 세상을 살아갈 때
그녀는 세상을 등지고
비루하고 비지(busy)한 그들을 지켜볼 뿐
안부를 물어오는 딸아이의 전화가
가끔 울릴 때를 빼면
입을 떼는 것조차 호사스럽다
생각해 보니

그 동안 몸에 좋은 현미밥과 신선한 녹즙
해바라기 산책 쉴 새 없는 대화를 한 것 모두
먼저 간 사람과 함께 한 천국의 시간이었다
지옥이라 생각했던 그때가 천국이었을까?

보고 싶다

신호등

오늘이 쌓여진 오늘 문득
흐르다 멈춘 생각의 색을 들여다 본다
떠나간 네가 남긴 푸른색과
돌아선 너의 회색이 어우러진 아우라가
남겨진 나를 비추는 길목
끝없이 오가는 사람들 사이로
주황이 흙을 품은 듯 탱탱한 양파 몇 알
초록빛 수채화 속 봄동이 한 무더기
그녀의 칠흑 같은 머릿결을 닮은 실파가
가지런한 좌판에 무지개를 그린다
지나간 시간이 가끔
멈춘 시간 안으로 들어와
빛 고운 놈들을 데려가고
분주한 사람들의 잠들지 않는 시간은
흐르다 멈춘 색들 가운데 있다

잠시 나는 멈춰 있다

당신의 그늘

백미러로 보이는 하얀 트럭에
다정한 얼굴이 실려 온다

순간
어깨 위로 드리우는 네 그늘의 서늘함

멈춰진 장면이 서서히 돌아가며
차가운 전율이 부드럽고 느리게 목선을 타고 흐른다
경적을 울리는 차들이 당신의 그늘을 지나고
가려진 초원 위로 들어오는 다정한 얼굴
순박한 웃음이 어색한 입가
세상의 공손한 말들을 끌어모아 하얀 침을 섞는다
적당한 배합의 하얀 말과 하얀 얼굴
개나리 십장생처럼 다정한 당신이
내 손에 남겨준 그늘의 숫자

접수번호 141849227

흐름의 미학美學

졸졸졸 흐르는
샘물의 맑고 깨끗함도
멈추지 아니하고 흘러야
폭포 되고 바다 되고

싱그러운 청춘의 짙푸름도
바람의 세월
주름진 세월 흘러야
그리움의 빛이 되고

신이 주신 물방울
장독대의 성찬들
어깨동무 소꿉놀이
추억 속에 쌓인 탑

모두 다
흐르는 시간을 타고 오는 위대한 미학美學

흐르는 것은 아름답다
그것이 눈물일지라도

치매

깊은 세월이 쏟아내는 갈 곳 없는 지청구
강산은 어느새 예닐곱 번 옷을 갈아입고
지고 갈 수 없는 연분홍 치마가 바람에 휘날리고
말할 수 없는 그리움에 손짓은 바쁘고
문단속 불단속 할 일은 태산이고
수줍은 두 볼이 부끄러 혼잣말에 붉어지고

배가 고파

꿈결인 듯 들려오는 낮은 목소리
안개 속에 나타나는 검은 그림자
어서 가란 손사래가
어서 오란 손인사로

청춘 블루스

추억 속에 불을 밝혀
그 안에 살아 있는
피 끓는 청춘에 빛을 밝혀

청춘아 푸르름아

활화산 하나 가슴에 안고 뜨겁게 사랑
저 넓고 푸른 세상을 향해 거세게 반항
불확실한 미래가 두려워 무모한 방황
아침이슬 한 잔 술에 외로운 낭만
청바지에 통기타 메고 스쳐가는 명동거리 상황

청춘아 푸르름아

추억 속에 불을 밝혀
그 안에 살아 있는
피 끓는 청춘에 빛을 밝혀

겨울나무

그냥
간직할 걸
흐르는 세월과 무상한 시간이
낭만이라고
거울 안에서 웃고 있네

그냥
외면할 걸
긴 터널을 지나
퇴색되어 흐려진 계단에
하얀 나비가 앉았네

그냥
돌아설 걸
한걸음 두 걸음
아득한 천국의 소리
안개 속 그림자 춤을 추었네

그냥
잊을 걸

달콤한 기억의 꽃비 내리는
그날의 푸르른
풋사랑의 은유를
나는 버리네

달력

우리가 갈 곳은 항상 정해져 있지
그때그때 조금의 밀당이 있지만
사는 게 다 그렇지 않나
바람결에 속삭이던 흐릿한 말투와
눈부신 햇살이 나를 깨우던 그날도
결국엔 우리
바다로 가기 위해 살았었지

푸른 날의 희망이 사라지자 붉게 물든 세상에
더 진한 색으로 치장한 인간이 피를 토하지
뜨겁던 피가 식어가며 따뜻한 찻잔이 비워지고
그리곤
다시 암전暗戰

아무도 물어보진 않지만 결국에 우린
바다로 가기 위해 살아가지

꽃잎의 말

내 지기 전에 꽃길 걸으시라
짧은 생이 아쉬워 흩날리다 사라지니
그대 즈려밟고 가소서

너는 곧잘 웃지

바다를 담은 두 눈에
파도가 쳐도

그리하여,
말려진 소금이 서 말이 돼도

베시시 올라가는 입꼬리가
떨려와 사시나무가 돼도

새하얀 옥수수가 왈츠를 춰도

샛별에 담겨진 이슬이
흘러내려도

너는
곧잘
웃지

거미

그댄,
허공을 맴돌며 그림을 그리는
무명 화가

보일 듯 말 듯
수줍은 고백이 엉켜 이슬을 먹고
회색빛 한숨을 내뱉어 가지를 치며

오른다, 저 높은 곳을 향하여

빙글빙글
허공을 맴돌며 그리는 그림
해답 없는 사랑을 갈구하는

가난한 화가

탄성의 법칙처럼

한 치 앞을 알 수 없는 우리 인생!
그래서 흥미롭고
그래서 살 만하다
어느 정도 정해진 규범 안에서
이리 튀고 저리 튕겨도
늘 다시 돌아오는 탄성의 법칙처럼
어느 만큼 튕겼다가 오느냐에 따라
회복의 속도가 다를뿐!
어느새 규범 안에 돌아와
세월을 소비하며 살아가고
때로는 웃음 짓고……

그런 게 인생 같다

궂은 날의 낭만

네잎클로버를 찾아 헤매이던 때에
내 모습이 초조하고 쓸쓸했다면
지천으로 널려 있는
세잎클로버에게 눈을 돌린 요즈음
편안하고 즐거운 몸과 마음이 오히려
내 인생의 정점을 찍고 있으니
꼭
행운을 바라지 말고
사소한 것에 의미를 부여하며 행복해 하는 생각이
스스로의 삶을 지배하는 게
아닌가 하는 생각을 해 본다

또 비가 오려는지 날이 흐리다

궂은날의 낭만을 주신 하늘에게 감사하며
오늘 하루 널려 있는 세잎클로버를 주워 담으러
우산도 없이 나는
낭만이 가득한 길을 나선다

색소폰

누구를 위한 외침인가
무엇이 그리워 목 놓아 우나
긴 기다림의 터널 끝에서
깊은 한숨에 터지는 함성

새벽이 온다
이제 일어나 길을 떠나자
끝없는 사막이 외로워 질 때
너를 위해 목 놓아 울어 주리니
듣거라, 나의 마음과 나의 사랑을

쓸쓸한 이별 안고 노을 길 가듯
안개 낀 강가에 꽃잎 깔리듯
저 푸른 광야로 너를 보내듯
먼 우주를 돌아서 흐느끼는 듯
밤하늘의 별들을 벗삼아

널 위해 깊은 노래 부른다
저
찬란한 황금빛 사랑으로

고백

어둠이 내리자
빛도 사라진 서늘한 가슴
길을 나선다

희미한 불빛 아래
빗장을 풀어헤친 인사들
엄숙했던 오늘의 일상과
차마 하지 못한 뜨거운 고백들을
황금비율로 잘 섞어 담는다

갈구어대는 상사의 잔소리와,
똥 꿈을 믿고 산 복권의 희망과,
먹고 있는 탈모 약의 부작용과,
미소 속에 비친 그녀의 선홍빛 잇몸과,
얄팍한 세상에 모든 가십을 섞어
금빛도 찬란한 거품을 만들고
터질 듯 톡 쏘는 앙칼진 목 넘김을 즐긴다

즐긴 만큼
짙어가는 고백들……

세상은 아름답거나 혹은 슬프거나
사랑은 아름답거나 혹은 슬프거나
세상은 성스럽거나 혹은 잔인하거나
사랑은 성스럽거나 혹은 잔인하거나

고백하건대
인생은
아름답거나 혹은 슬프거나
성스럽거나 혹은 잔인하거나

_ 응원의 말 _

　　김영선 시인은 색소폰 연주가로서 우리 세계시문학회 행사 때마다 우리를 즐겁게 해 주셨는데 이번에 귀한 시집 『취한 말들을 위한 시간』을 출간하시어 서정성이 깊고 넓어 그리움의 바다에서 헤엄치며 즐게 하시니 감사합니다. 기다리는 마음은 곧 그리운 마음입니다. 마음껏 달리소서.
　　　　　　　　　　　　　　- 세계시문학회 회장 박영률 시인

　　김영선 詩人이 첫 시집 『취한 말들을 위한 시간』을 상재한다. 그동안 시인과 색소폰 연주자로서 고군분투하는 그의 부단한 노력 앞에서 "훌륭한 예술가는 영혼의 절대자와의 싸움에서 승리하는 자만이 길이 남을 수 있다."란 말이 생각난다. 詩人은 때론 작고 소박한 영혼의 집을 짓기도 하고, 넓고 푸른 광야처럼 웅장한 자연 속 철학의 집을 짓기도 한다. 그런 점에서 김 시인의 詩와 音樂은 늘 푸르고 건강하다. 이는 그의 영혼이 맑고 순수하기 때문이다.
　　　　　　　　　　- 한국예총 구로구지회장 겸 시인 장동석

　　김영선 시인의 시에는 직관과 관조의 눈을 통해 사물을 투시하는 능력을 보여 주고 있다. 포스트모던적 시풍이 흐르면서도 선 깊은 내면의 이미지를 독자들에게 잘 전달하고 있다.
　　　　　　　　　　　　　　　　　　　- 시인 윤수아

김영선 작가 첫 시집 『취한 말들을 위한 시간』은 사유思惟가 깊이 담겨 있어 작품을 읽는 순간 푹 빠지게 하는 그런 힘이 있다. "근데 인생은 영화보다 더 영화 같은 거야, … 마지막에 웃는 게 주인공이야." 위로와 애정이 담겨 있는 아름다운 시집이다.

– 시섬문인협회 김진원 회장

"곧잘 웃지" 웃지만 그 웃음 속에 시인의 아련한 우수가 보입니다. 표현이 눈에 그려지듯, 왠지 웃지만 쓸쓸한 서정이 가슴 밑바닥, 저 깊은 곳에서 일렁입니다. 역시 시인의 피는 어쩔수 없는 듯. 모든 면에서 다재다능한 후배이자 존경하고픈 동지! 자신의 삶을 조율하며 꾸준하게 멋지게 살 줄 아는 여자!! 첫 시집 출간을 축하합니다. 이제 세계적 시인으로 거듭나시고 시인님 앞날에 행운과 건강이 함께하길 기도합니다.

– 시인 임미애

첫 시집 『취한 말들을 위한 시간』 발간을 축하합니다.
김영선 시인의 작품들이 오늘을 살아가는 우리 모두의 고단하고 피폐한 심신을 치유해 주는 쾌도난마의 한 날이 되기를 바라 마지않습니다.

– 을지출판공사 대표 김효열

김영선 시집

취한 말들을 위한 시간

인쇄 2023년 10월 2일
발행 2023년 10월 8일

지 은 이 | 김영선
펴 낸 이 | 윤해순
펴 낸 곳 | **도서출판 예사랑**
등록일자 | 제2-4201호(2005년 7월 21일)
주   소 | 서울시 구로구 부일로9길 127 104-405
우편번호 | 08259
전   화 | 02) 2268-5521
팩   스 | 02) 334-4010
e-mail : yesarang2005@hanmail.net

값 13,000원

ISBN 979-11-965281-7-1   03810

* 잘못된 책은 바꿔 드립니다.